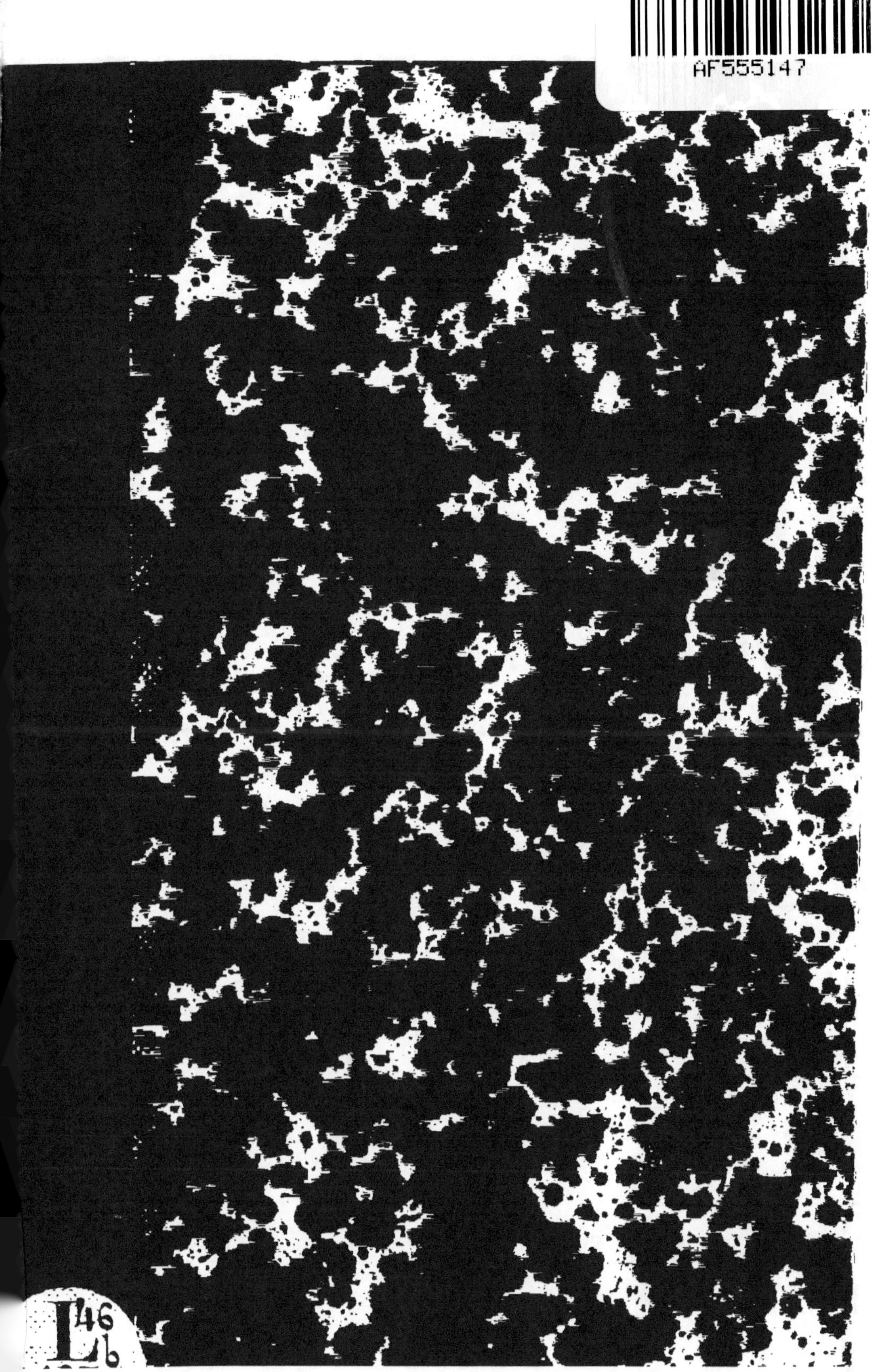

ADRESSE

AU PEUPLE FRANÇAIS,

SUR L'ACTE ADDITIONNEL

AUX CONSTITUTIONS DE L'EMPIRE;

ET RÉFLEXIONS

SUR

LES BASES D'UN PACTE IMMUABLE.

PAR M. LE GÉNÉRAL BARON D*****,

COMMANDANT DE LA LÉGION D'HONNEUR ET MEMBRE D'UN COLLÉGE ÉLECTORAL.

PARIS,

PLANCHER, rue Serpente, n° 14;
DELAUNAY, Libraire, Palais-Royal;
MARTINET, Libraire, rue du Coq Saint-Honoré.

1815.

Plancher

ADRESSE
AU PEUPLE FRANÇAIS,
SUR
L'ACTE ADDITIONNEL
AUX CONSTITUTIONS DE L'EMPIRE.

Faire un pacte social qui obtienne l'assentiment de toutes les classes, dans un Etat aussi anciennement gouverné que la France, est une entreprise au-dessus de l'intelligence humaine : les *relations*, les *intérêts*, les *habitudes*, les *droits*, les *devoirs* sont et seront toujours en opposition ; ce que l'on considère comme juste pour une classe, est injuste pour une autre ; et l'Opinion, fille des intérêts et des passions, se présente toujours dans la lice, pour combattre les institutions que les législateurs établissent. Cependant les hommes doivent être gouvernés, puisque le *tien* et le *mien* sont les premières bases de la civilisation. Or, d'après ces réflexions, il s'agit moins, dans une constitution, de ce qui tient au juste, que de ce qui tient à l'utile. J'ai beaucoup entendu disserter sur l'acte additionnel du 22 avril; les Français l'attendaient avec une si grande impatience; le bavardage avait établi tant de conséquences relatives aux passions diverses, qu'il a produit une espèce de mécontentement dans quelques classes. Peut-être, en effet, cet acte pouvait-il offrir des textes plus positifs, avoir plus d'ensemble, un caractère de grandeur et de majesté qui caractérisât d'une manière plus précise le génie et les intentions de l'Empereur, parce que l'on n'attend que de grandes choses d'un grand homme. Le titre d'*Acte additionnel* a généralement déplu; il eût été plus convenable, pour la morale publique, de réunir dans un seul cadre tous les articles des constitutions antérieures qui sont conservés, de les résumer, et d'y ajouter ce que l'on y ajoute isolément; il eût mieux valu poser des principes que suivre les usages des rhétoriciens, qui offrent toujours des sens contradictoires, des renvois, et des prétextes à la malveillance, à l'intrigue, et aux factions de toute espèce.

Je ne suivrai point, article par article,

cette dernière production, dont la plus grande partie sont équitables et bons; mais comme citoyen, je dirai franchement mon opinion, pour ou contre tout ce qui, selon moi, est dangereux pour les libertés nationales. Les articles 3, 4 et 5 sont d'abord ceux qui m'ont paru mériter une dissertation. Tous les hommes instruits savent que les priviléges héréditaires sont en contradiction avec le droit naturel; et, en général, le peuple ne voit dans ces articles que le renouvellement d'une caste opprimante. Néanmoins, en reconnaissant la nécessité de centraliser le pouvoir, pour lui donner de l'activité et de la force, en reconnaissant le principe que, pour éviter les dangers des interrègnes et celui des élections d'un monarque, l'hérédité au trône est d'une nécessité suffisamment prouvée; d'après ces causes, il est facile de lui faire aussi sentir la nécessité d'opposer au despotisme un pouvoir héréditaire qui soit indépendant de l'Empereur; mais il me semble que la conséquence de cette nécessité devait être développée, et enfin prévoir plusieurs cas naturels.

Avant d'émettre ces réflexions, je dois prévenir que je ne parle point de l'empereur Napoléon; mais la constitution d'un Etat n'est pas seulement pour la génération existante.

Qui empêchera, par exemple, que l'Empereur nomme cent mille pairs, qui deviennent les sicaires du despotisme, si, sans choix, il suffit de la volonté du monarque qui les nomme ?

Qui empêchera que le fils aîné d'un pair soit un sot, un libertin, un homme vicieux, immoral, etc. ?

Qui empêchera l'orgueil de remplacer la vertu, surtout chez un jeune homme dans l'âge des passions et dont le droit de gouverner est une prérogative inviolable ?

L'on pourrait faire mille questions de ce genre, auxquelles tous les rhétoriciens du monde ne sauraient répondre que par des sophismes. Les lois ne peuvent prévenir, ni les bizarreries de la nature, ni sa marche, ni les vices et les défauts auxquels l'homme est sujet, en dépit de toutes les prérogatives que ces lois établissent.

Or, selon moi, le pacte social doit prévoir le danger de confier le salut et la prospérité de l'Etat à l'ignorance ou au vice. S'il faut donc, d'une part, que tel sénat ou chambre soit composé d'hommes qui soient, par leur naissance, indépendans du monarque, il me semble que, de l'autre, ces hommes doivent offrir une garantie de talens et de probité au corps social qu'ils représentent spécialement; et c'est sur cet objet que j'ai cru devoir émettre publiquement mon opinion, et quelques idées pour atténuer les dangers d'une mauvaise représentation héréditaire.

L'art. 4 déclare que le nombre des pairs est illimité; or, tout ce qui n'a point de bornes n'a point de garantie : que le nombre des familles de pairs le soit illimité, cela importe peu; mais il importe que le nombre des membres votans le soit en raison de la population. Si, dans dix mille familles, l'on trouve deux cents hommes d'un vrai mérite, c'est certainement beaucoup, n'en déplaise à l'orgueil. *Nota Bene.* Que l'on peut être très-vertueux, très-estimable sans avoir le mérite d'un gouvernant ou d'un législateur, tels qu'on doit les désirer pour le bonheur public, et tel qu'il est à désirer que soient les pairs.

Il me semble donc que le nombre des siégeans à la chambre doit être déterminé en raison de la population et de la chambre des représentans qui la balance; et voici comme je conçois leur admission à cette auguste prérogative de la naissance, puisqu'elle paraît nécessaire au maintien des droits de la nation contre le despotisme. Je voudrais qu'il fût statué sur cette chambre que,

1° L'Empereur nomme les premiers membres admissibles au droit de voter; que ce droit est héréditaire pour tous les descendans mâles du premier élu; que tous lesdits descendans, sans droit d'aînesse, sont de droit candidats pour remplir les siéges vacans à la chambre des pairs;

2° Que, pour être admis dans cette chambre, il faut au préalable avoir rempli, pendant cinq ans, des fonctions publiques, soit dans les armées, soit dans l'administration;

3° Que l'on ne peut assister aux délibérations qu'à l'âge de vingt-cinq ans, et ne voter qu'à celui de trente années révolues. Et voici, d'après ce premier article, ce que l'on pourrait ajouter:

La liste générale des candidats, par droit de naissance, sera chaque année soumise à la chambre des pairs, qui désignera au scrutin, d'après les qualités exigées par l'article ci-dessus, le nombre triple des candidats sur lesquels l'Empereur statuera pour l'admission titulaire à la chambre. Avant d'être adressée à sa majesté, la liste, dressée par la chambre des pairs, doit être communiquée à la chambre des représentans, et, s'il y a lieu, cette chambre fera des observations sur la moralité ou la capacité des éligibles; mais il se bornera aux observations qu'elle transcrira en marge des listes signées par le président et le secrétaire de la chambre.

Il me semble alors que le titre de pair serait sûrement mérité, et que celui qui en ferait les fonctions serait investi de l'estime nationale, ce qui n'est pas à négliger, si l'on veut prévenir les factions et les projets des ambitieux à talens qui paraissent de temps à autre dans les Etats où la constitution n'asseoit pas positivement les pouvoirs sur la confiance publique.

Je ne m'étendrai pas davantage sur ces articles, et passe de suite à ceux qui, selon ce que j'ai entendu et vu, n'ont pas l'assentiment général. Les articles 21 et 22 déterminent que l'empereur peut proroger les chambres quand il lui plaît, et fixer le terme de la réunion à six mois : ce terme paraît trop long, parce que, dans six mois, l'on peut détruire arbitrairement toutes les institutions qui brident le despotisme. Sans doute que le peuple reprendrait ses droits par une insurrection ; mais il n'y a pas d'insurrection sans crime, et prévenir les troubles doit être la première base du pacte social. Donc si, d'une part, la prorogation est juste, parce que souvent, dans les assemblées nombreuses, il se forme des factions qui fatiguent le corps social, de l'autre, il est juste aussi de prévenir les dangers de l'abus du pouvoir monarchique, ou plutôt de ses ministres, sous un prince faible ou dissipé.

Car à qui s'adresserait-on pour réprimer les abus de ses ministres? S'ils avaient lieu, l'on sait que le gouvernement a toujours une force agissante pour se faire obéir ; mais la nation ne peut opposer qu'une force de résistance, qui, si elle en vient aux prises, déchire l'État. Ne nous y trompons pas, la véritable force d'une nation est toute dans l'opinion ; or l'opinion, qui ne peut se défendre que par la force, mène à tous les crimes. Il faut donc que l'opinion de la masse du peuple ait toujours un bouclier qui la garantisse des atteintes du despotisme, et qu'elle en soit convaincue, pour que cette masse ne devienne pas agissante par l'insurrection, sa dernière ressource. Je crois, d'après ces réflexions, que la prorogation ne devrait pas aller au-delà de trois mois, et que la réunion des deux tiers des membres à cette époque devrait avoir lieu de droit, et devenir suffisante pour délibérer sur les pétitions dont il est parlé dans l'article 65. Quand cette réunion ne serait que pour garantir la liberté individuelle, elle serait nécessaire; car attendre six mois sans savoir à qui s'adresser pour obtenir justice d'un ministre, est trop long. Par respect et par confiance je ne m'étendrai pas sur d'autres cas possibles.

L'art. 29 offre aussi matière à quelques réflexions. Pourquoi les pairs domineront-ils les autres classes de citoyens, dans le droit le plus sacré, celui de nommer leurs représentans sans influence? Les colléges électoraux sont composés d'hommes choisis dans toutes les classes; or leur donner un chef nommé par le monarque, c'est blesser l'amour propre individuel des membres de ces colléges, et cela froisse l'opinion sur l'indépendance de la plus sage des institutions qui nous ait été donnée par l'Empereur. Pour éclairer les colléges, que sa majesté y envoie un député du conseil d'État, s'il y a lieu; cela est nécessaire et juste; mais les colléges seuls doivent, selon les principes fondamentaux du droit national, former leurs bureaux et nommer leur président à terme ou à vie : cet article a produit un très-mauvais effet sur l'opinion, dont certainement les courtisans n'auront garde de rendre compte à sa majesté, mais qu'un citoyen dévoué à ses véritables intérêts doit lui faire connaître.

La plus belle idée de l'acte additionnel est l'article 33. Puissent le commerce et l'industrie ne se faire représenter que par des hommes qui ne voient que l'Etat, et non les corporations !

L'art. 61 est incomplet pour la sûreté individuelle ; il devrait statuer que, dans un laps de temps déterminé, tout motif de détention fût délivré par écrit au détenu, et que tout détenu pût, sur la responsabilité des gouverneurs, des concierges, etc., adresser à l'une des chambres sa pétition, s'il y a lieu, c'est-à-dire, si cette détention n'est pas la suite d'un jugement rendu publiquement par les tribunaux compétens.

L'art. 67 tient plus, dans quelques parties, à la situation politique qu'à la cause positive de la déclaration qu'il contient, sans quoi je pense que l'on aurait pu dire : Le peuple français, voulant définitivement éviter tout système de vengeance, de prétentions, de récriminations, d'acte rétroactif sur les lois qui ont été créées depuis 1792, et celles qui seront rendues ultérieurement par les chambres qui le représentent, déclare qu'il est dans la volonté positive que toute dynastie antérieure, et toute dynastie qui s'éteindra par défaut d'héritiers mâles, ou enfin aux termes des lois constitutives, ne pourra prétendre à aucuns droits au trône de la nation, et qu'aucun membre direct ou indirect de cette dynastie ne pourra être rappelé par les chambres : toute proposition à cet égard, ainsi que le rétablissement de l'ancienne noblesse féodale, soit les droits féodaux et seigneuriaux, soit les dîmes, soit aucun culte privilégié et dominant, est interdite formellement au gouvernement, aux chambres et aux citoyens, ne pouvant être que les prétextes des troubles et des divisions intestines.

Puissent les Français éloigner dans ces momens tout esprit de parti, se dégager enfin des passions nées de l'amour propre et de l'égoïsme, s'occuper sincèrement d'être une nation respectée et admirée par la sagesse de ses institutions, et ne plus donner à l'univers le spectacle hideux des dissentions civiles ! Malheur au peuple qui n'est pas digne de n'être gouverné que par des lois, et qui n'est pas assez sage pour les créer !

Le baron D....., maréchal de camp, commandant de la Légion d'honneur.

RÉFLEXIONS

SUR

LES BASES D'UN PACTE IMMUABLE.

CELUI qui asservit son opinion au bien général peut être seul classé parmi les honnêtes gens ; celui qui manifeste de l'exaltation pour ou contre le gouvernement, est un intrigant ou un sot, chez lequel la raison n'agit pas. L'on remarque que les chefs des gouvernemens quelconques utilisent toujours ces espèces d'hommes pour s'élever au-dessus des gouvernés : l'esprit de domination est dans la nature de l'homme, et il prend un caractère despotique, même dans les corporations les moins importantes : cela ne saurait être autrement. Dans tous les temps et chez toutes les nations, celui qui verse le poison de la crainte et du doute dans les âmes du vulgaire, doit être considéré comme l'assassin moral du bonheur public ; car ce bonheur ne peut exister que dans le calme des passions. Or l'homme à parti, les irritant toutes, il ne raisonne jamais, il bavarde. L'observateur impartial remarque qu'il y a dans l'État beaucoup de factieux sans le savoir, comme il y a des enthousiastes sans jugement, et des mécontens sans cause : ce n'est donc point pour eux que j'écris, parce que l'on n'emploie pas la logique avec les fous ou les idiots, et que le plus beau tableau est sans effet pour un aveugle. Personne ne doute de la nécessite d'un gouvernement, et d'un chef unique, qui en est la clef et le ressort. Peu importe qu'il se nomme Doge, Roi et Empereur, etc.; c'est toujours sur cette dignité que repose le bonheur social. La loi doit lui ôter le pouvoir d'agir contre l'intérêt de la nation ; mais elle doit lui donner toute latitude pour faire le bien. L'on n'a peut-être jamais fait attention que ce qui nuit le plus à la prospérité publique, c'est que les dépositaires du pouvoir sont le but perpétuel des traits que lancent les intrigans de toute espèce. Or, il y a de plusieurs espèces d'intrigans ; il est même des hommes qui le sont sans le savoir : c'est le naturel bavard qui agit en eux, selon moi. Les blessures les plus dangereuses pour les chefs de gouvernement, ne sont pas celles qui sont causées par des plaintes, des réclamations, des épigrammes et des satires; mais ce sont les traits empoisonnés des flatteurs qui détruisent le pouvoir réel, ou, pour mieux dire, le pouvoir moral. Tout applaudir et tout blâmer, sont également des crimes de lèze-nation; le véritable citoyen disserte. Sans doute il envisage d'abord son intérêt particulier; mais insensiblement, en s'éclairant par l'examen du juste, de l'équitable, il associe le bonheur d'autrui au sien: alors il appronfondit les choses, et ne juge pas, il plaide. Il oppose sa raison à l'ambition; il se place en vedette entre les abus de l'arbitraire et la société; il protége le faible que prétend vexer l'ambitieux, et devient ainsi le bouclier de la morale publique, sur laquelle repose le bonheur de la société.

La Gaule offre aujourd'hui le spectale le plus important qui ait jamais existé depuis l'invasion des bandes du Nord, sous Pharamond, ou plutôt sous ses successeurs, pendant le cinquième et le sixième siècle; car ce Pharamond n'a jamais franchi le Rhin, et la loi salique, dont il est l'auteur, et d'après laquelle on a donné des maîtres, par droit de conquête, à l'indépendante Lutèce, et à la valeureuse nation qui fit trembler l'orgueilleuse Rome sous les étendards des Brennus, est une loi faite seulement pour les Souabes et les Westphaliens : cependant la sottise ou l'ignorance la révère et la cite aujourd'hui avec emphase comme loi fondamentale de l'Etat, et cela d'après les vieilles erreurs qu'avait créées la force. La maison capétienne ne descend pas même de Louis XII qu'elle cite avec orgueil, mais du comte Robert, sixième fils de Louis IX. Quelques hommes, qui ne savent pas même s'estimer, les appellent cependant des princes légitimes. J'ignore si c'était chez les Sicambres que les Gaulois devaient aller chercher des lois sociales et *des maîtres;* mais il me semble qu'une grande nation valeureuse, et plus instruite que les bandes émigrantes de l'âpre Scythie, de la Norwège, etc., avait et aura toujours par elle-même le droit de se choisir des chefs, et de se donner des lois et des institutions.

Quel est l'homme de bon sens qui ne voit pas avec pitié cette foule d'esclaves des préjugés, enfans de la faiblesse, de l'ignorance et même des abus de la force, nous citer aujourd'hui des droits usurpés jadis comme des droits légitimes? Ames faibles ou vénales! lisez l'histoire, et frémissez des forfaits qui ont fondé ces priviléges de quelques castes ! Mais non, ne lisez pas ; je ne désire pas jeter dans vos cœurs l'effroi naturel que l'homme éprouve en suivant la marche sanguinaire des tyrans. L'illusion avait couvert de ses voiles le despotisme féodal jusqu'en 1789. Je suis loin d'applaudir aux forfaits qui précipitèrent ces castes liberticides dans le néant moral ou dans la tombe. J'abhorre la vengeance ; cette odieuse passion est tout à la fois fille et mère du Crime : puisse sa génération s'anéantir aujourd'hui ! le scélérat seul l'applaudit et la provoque. Gaulois ! vous n'êtes nés, au droit sacré des nations, que depuis cinq lustres, et vous avez eu les défauts des âges que vous avez parcourus. L'âge de la raison doit être arrivé. Vous avez fait, au milieu des expériences les plus terribles, l'étude de vos droits naturels, celui de votre pouvoir, de votre force : utilisez ces leçons ; éloignez jusqu'au souvenir des erreurs de l'adolescence ; soyez des hommes ; ayez enfin une force d'opinion qui asservisse et constitue le pouvoir de ceux à qui vous consentirez d'accorder le droit de vous protéger, de vous gouverner, et de tenir enfin l'équilibre entre les passions qui déchirent le corps social.

Vous allez partir d'un but où la morale nationale vous a placés pour la première fois. Il n'a pas fallu verser une goutte de sang pour vous rendre libres ! Or, cela prouve que la grande majorité sent la dignité de son être, et ne respecte les dépositaires du pouvoir qu'autant qu'ils en sont dignes. Qu'ils restent esclaves ceux qui doutent, qui craignent, qui sèment des propos astucieux, qui cherchent à timorer les âmes; qu'importe que l'hydre féodal terrassé remue encore quelques fragmens de ses membres épars! Craignez-vous un cadavre mutilé ? Sans doute il peut, dans sa putréfaction, affecter encore votre odorat; creusez-lui une tombe, et mettez sur son mausolée non une épitaphe, mais une constitution grande, noble, sage, qui dise à l'univers : *Ci-gît le Despotisme; il ne ressuscitera jamais !*

Gaulois! ce ne sont point des sophistes qui sont appelés au Champ-de-Mai; ce ne sont point des hommes élus au sein des cabales, des factions soudoyées; ce ne sont point des pairs désignés par le Despotisme : c'est l'élite de la nation dans toutes ses classes. Napoléon sait que toutes ont des droits égaux. Anti-Gaulois que les passions égarent! que pouvez-vous désirer de plus digne d'un grand peuple ? Quoi ! cette convocation de tous les patriarches des familles nationales n'étouffe pas dans vos âmes tout souvenir pénible ? Quoi ! vous n'osez pas franchir la barrière de l'intrigue qui vous sépare d'une liberté légale si sacrée pour tous les peuples ? Vous dédaignez de jouir du plus beau des droits de l'homme, celui de participer au pacte qui fonde le bonheur présent et avenir du corps social, et vous osez croire que vous êtes dignes du nom d'hommes ? Il n'y a que les bêtes féroces qui s'isolent et végètent sur le globe, ou croupissent honteusement dans les cages de fer où les enferma l'adresse ou la force. Voulez-vous vous assimiler à l'ours, au tigre, au léopard, ou porter le bât des bêtes de somme ?

Ne savez-vous que gémir ou flatter, que frémir ou aduler ? Votre âme ne connaît-elle que le doute et la crainte ? L'espérance n'a-t-elle aucun accès dans vos âmes ? Oubliez-vous les noms sacrés d'honneur et patrie qui doivent aujourd'hui être vos guides, non au Champ-de-Mars, mais au Champ-de-Mai ? Insensés ! redevenez citoyens, et portez-y le tribut de vos lumières, de vos vœux pour le bonheur public, pour la gloire de vos contemporains, pour la félicité de vos neveux et l'estime de l'univers. Au lieu de vos épigrammes, de vos calomnies, de vos diatribes, écrivez, répandez, communiquez franchement vos idées libérales; car, malgré vous, la grande majorité en a, parce qu'elles sont innées dans tous les hommes, et, en dépit des passions, elles n'ont réellement besoin que de franchir la honte qu'a fait naître le souvenir de quelques erreurs pour redevenir dominantes. La raison est comme le soleil, elle ne s'éteint pas, mais elle ne se montre pas toujours radieuse; c'est le moment d'écarter tous les voiles, de la laisser agir, de la seconder, d'en faire usage pour le bonheur commun. O Gaulois! cessez d'être un troupeau mélangé qui tremble, fuit, tend la gorge en bêlant. N'admirez ni ne tremblez pas devant l'homme qui périt. Créez le souverain immuable qui doit vous rendre tous les droits après lesquels vous avez couru depuis si long-temps, une constitution.

Tout prouve jusqu'à ce jour que l'expérience a éclairé le génie du grand homme qui prit long-temps les chemins ensanglantés de la gloire pour ceux du bonheur, et la morale du grand peuple vient d'apprécier la nullité des castes qu'elle avait proscrites ; voilà le véritable point où se trouve l'opinion. Agissons maintenant pour nous et nos neveux : voilà notre devoir à tous.

Ce n'est ni Lycurgue, ni Solon qu'il faut consulter, c'est l'honneur, la raison et l'amour de la patrie ; tous les trois vous dictent les droits et les devoirs que vous avez à exiger et à remplir ; évitez de placer ces maximes funestes qui servent de texte aux abus du pouvoir et aux passions multipliées des diverses classes de la population ; moins il y aura d'articles dans votre pacte, plus il sera bon. Après avoir étudié presque toutes les constitutions qui ont existé ou existent sur le globe depuis que l'art d'écrire a été inventé, il me semble que l'empereur a posé d'un mot toute la base de notre constitution, et que la patrie doit consacrer cette déclaration : *Le trône est pour le peuple, et non le peuple pour le trône.* L'expérience n'a point été inutile à l'homme qui n'eut pas le malheur d'être élevé hors les principes de l'égalité primitive de l'espèce animale : un génie vaste, des conceptions hardies, des talens acquis par l'étude, des idées libérales, un zèle, une aptitude infatigable l'élevèrent au-dessus de tous ses contemporains ; mais au sommet de la gloire il trouva l'écueil de l'illusion, et cette illusion, loin de calmer une âme ardente, lui offrit tous les prestiges trompeurs de l'adulation, poison qui atteint toutes les vertus. L'astucieuse Politique qui n'avait pu le vaincre, et qu'en secret il maîtrisait, entoura ses vertus martiales de piéges, et des âmes vénales qu'il avait associées à sa gloire, sentant qu'elles étaient éclipsées près de lui, devinrent par envie les agens secrets de la plus effroyable conspiration contre la patrie. Hélas! des milliers de Français furent sacrifiés sans pitié pour écarter un homme dont l'éclat obscurcissait toutes les ambitions individuelles. L'on multiplia les obstacles contre ses projets, peut-être gigantesque ; mais où ne va pas l'imagination d'un héros? Les Alexandres, les Césars, les Mahomets, les Gengis ne pensent point comme les autres hommes ; peut-être une trop grande confiance en son génie lui fit dédaigner les moyens artificiels qui fournissent aux petits génies des ressources contre les grands : voilà les causes de tous les maux qu'a éprouvés la patrie ; les oublier, voilà notre devoir ; utiliser une année d'expérience, comme le héros l'a fait, voilà notre tâche. Parlons maintenant du pacte sacré. J'ai remarqué qu'en 1789, les États généraux, bizarrement composés, n'étaient unis par aucun sentiment positif pour le corps social; chaque classe ne voyait qu'elle, le peuple souffrait, il se fâcha; la barrière morale était brisée, et il entra dans l'arêne; la Licence plaça l'Anarchie sur les débris ensanglantés du Despotisme, et bientôt le peuple se dévora lui-même; mais il acquit à ses dépens la conviction de l'utilité des lois, et, sans trop savoir celles qui conviennent à tous, il se convainquit néanmoins que toute autorité arbitraire, tout privilége héréditaire, étaient contradictoires avec son bonheur et avec l'idée de l'équité. Jusqu'au consulat, la France ne fut pas gouvernée, mais assez mal dirigée; cependant l'honneur national fut maintenu par les défenseurs de la patrie, qui s'isolèrent aux factions régicides ou liberticides. Aujourd'hui les électeurs doivent étudier la morale publique, renouvelée depuis cette époque; c'est de là que date celle de la génération agissante. Dans ce moment la vieillesse et l'enfance ont ou l'entêtement né des habitudes et de la première éducation, ou la versatilité des caractères non formés.

J'ignore quelle sera l'opinion sur la constitution; mais je sais que, quelle qu'elle soit, le Français aura au moins un pacte national. Or il n'en a pas encore existé en France, l'on n'a que des fragmens nés des circonstances, et se ressentant plus ou moins des passions dominantes.

Les productions incomplètes de l'assemblée constituante, de la convention, du conseil des anciens, du sénat, ne peuvent que fournir des matériaux : puisse la sagesse en extraire le juste, le prudent et l'utile au bonheur général! J'ai fait à cet égard une réflexion que je dois communiquer sous tous les rapports, c'est que jusqu'ici je n'ai rien vu dans nos chartes qui se rapproche du système de la nature, c'est-à-dire du gouvernement patriarcal. N'est-ce point à cet oubli que nous devons la vacillation perpétuelle de nos institutions? Qu'on ne s'y trompe pas, la nature a seule un pouvoir réel sur le moral de l'homme; or, il est de fait que tous les hommes de toutes les classes peuvent être pères, et que ce titre naturel est le seul titre qui oblige l'homme à la déférence, au respect. La première base, le premier échelon des pouvoirs gouvernans doit donc tenir à cette base sacrée. Il appartient à un très-petit nombre d'hommes d'être savans, riches ou privilégiés, tandis qu'il est certain que le titre de père est généralement sacré. Si, au lieu de choisir parmi les savans, les riches, les privilégiés, des représentans, des sénateurs, etc., l'on pouvait rétablir par la loi l'autorité patriarcale, mettre la responsabilité et la police des familles sous un chef ayant le registre de tous ses membres. Ainsi, jadis les tribus se formaient et étaient surveillées; l'état de mendicité n'existait pas, parce qu'il faisait rejaillir la honte sur toute la famille. J'observe que ce mode n'exclut pas le propriétaire, le savant; car il y a des pères dans toutes les classes. Messieurs les législateurs, délayez cette idée, elle tient à toutes les branches de la population, et nécessairement celui qui ne se soumettra pas à l'autorité patriarcale, ne se soumettra à aucune de bonne foi.

Il me semble, d'après cette idée, qu'il pourrait y avoir, 1° une assemblée patriarcale pour créer, corriger, adopter des lois; 2° une assemblée des sages pour maintenir leur exécution; et 3° une seule famille héréditaire, chargée du pouvoir exécutif et de diriger le corps social; de surveiller les passions, de les réprimer, de maintenir les intérêts de la patrie dans toutes les parties; et qu'enfin tous les articles de notre constitution fussent basés sur ce qu'a dit le protecteur des libertés nationales, qu'on ne peut trop répéter: *Le trône est fait pour les peuples*, et non *les peuples pour le trône.* A la suite de cette première base du pacte social viennent celles relatives aux habitudes, celles relatives aux relations commerciales, aux finances, et enfin au classement accidentel des pouvoirs qui administrent, protégent ou défendent le territoire.

Nul doute qu'un des points les plus importans, est, que les agens divers doivent être responsables envers la nation de l'abus de l'autorité qu'elle leur confère; mais cette responsabilité doit être relative, et il me semble que c'est alors l'assemblée des sages qui doit vérifier les délits et les abus de pouvoir: cette assemblée n'exige pas un concours de savoir, de génie, mais de citoyens d'un sens droit, qu'une longue pratique de vertus sociales rend l'objet de l'estime de la grande majorité des chefs de familles; c'est donc au conseil des Sages que de tous les points de l'empire s'adresseraient les observations, les réclamations, les plaintes sur l'abus du pouvoir de toute espèce ; cette assemblée ordonnerait les recherches, et présenterait à l'empereur leur résultat, et ferait comparaître, si il y avait lieu, les prévaricateurs devant les tribunaux, malgré leur rang et leurs prérogatives. Passons à un autre point capital.

Les crises par où nous venons de passer ont certainement mis les finances dans un état de déficit qu'il faut réparer : ceci veut des établissemens sages et combinés d'après les intérêts de tous. En jetant un coup d'œil sur tous les gouvernemens qui nous environnent, sur notre vaste et fertile territoire, sur les ressources de l'industrie, il est facile de se convaincre que la France est en état de pourvoir à tout sans secousses. Je n'embrouillerai pas l'esprit des lecteurs par des calculs : je les laisse à l'agiotage.

Mais voici ce que je dis. La France doit. . . . . 000 fr.
Cette somme doit s'éteindre annuellement par un mode quelconque qui soit déterminé par la loi constitutive.

Le budjet de dépenses fixes est de. . . . . 000 fr.

Les dépenses extraordinaires peuvent s'élever sans autre formalité que l'adhésion du conseil, sénat ou toute autre autorité établie, à. . . . . 000.

Une loi doit déterminer, en outre, les quotités graduelles des augmentations de contributions nécessitées par les circonstances ; mais la constitution pose en principe qu'elles ne peuvent s'élever au-delà de. . . . . . 0000.

Cette dernière somme est donc la base fixe sur laquelle s'établit la gestion financière. Maintenant venons à la dette qu'il faudrait mettre une fois enfin hors les atteintes de l'agiotage ministériel ou individuel. Ce n'est point l'Empereur qui doit; le peuple a repris sa souveraineté; en conférant le pouvoir suprême, il doit élaguer toutes les entraves. L'État doit donc se charger de la dette publique. Voyons un peu comment il peut le faire, avec la dignité qui lui convient. Il me semble qu'en principe, tout ce qui est représenté par un titre sur hypothèque suffisante, a une valeur réelle, comme toute dette qui n'est pas représentée, est une mauvaise créance sur laquelle le possesseur est sans cesse tourmenté et livré à l'effroyable griffe de l'agiotage, espèce d'usure qui enrichit le spéculateur intrigant ux dépens du corps social. Soit gouvernans ou gouvernés, cette clique d'hommes, nommés *financiers*, et qui ne travaillent que sur le papier d'état, est une classe d'individus sans patrie; car leur avoir est dans leur poche, et fuit avec eux : cette clique est le bourbier où germent tous les vices qui sont en opposition perpétuelle avec les lois, les institutions, quelles qu'elles soient; ce n'est que dans les variations que l'agiotage trouve des ressources; autant le négociant, le marchand, le banquier à relations étrangères, est respectable, autant l'agioteur est méprisable et dangereux. D'après ces considérations, et mille autres qu'il est inutile de citer, voici ce que je pense:

L'on pourrait créer des obligations nationales calculées d'après le cadastre de France, et portant intérêt à trois pour cent; la quantité serait déterminée invariablement dans cette proportion. Cet intérêt fixe serait supplémentaire aux autres contributions que les lois autoriseraient les communes, les cantons, les départemens pourraient à fur et à mesure acheter leur cote-part, et pour cela elles présenteraient à la direction compétente les obligations qu'elles auraient acquises, et qui seraient biffées pour rester en dépôt aux archives communales. Ces obligations, garanties par toutes les propriétés de la nation, auraient cours volontaire comme papier d'état, et l'on créérait une banque d'échange et de mutation à tant pour cent. Voici comment je conçois ces obligations.

Loi de..............   Création de...............

DETTE PUBLIQUE.

Départ de............ N..........
Canton de............ N..........
Commune de.......... N..........

OBLIGATION NATIONALE.

Bon pour 500 francs, portant intérêt de 3 pour 100 payable en janvier et juin, à la Caisse d'Amortissement.

Acceptée par le Collége Électoral du Département de..............

C : D : F :

Classée sous l'hypothèque communale de N..........

Représenter la masse de la dette nationale de cette manière, n'est pas faire un papier-monnaie, et cependant c'est mettre en circulation une masse de fonds, dont la valeur réelle est consolidée de manière à prévenir tous les doutes. Chaque département, canton ou commune, peut éteindre pour lui une partie de ses contributions : j'observe que les conseils communaux peuvent faire à leurs administrés le plus grand bien, en prenant chaque année des mesures pour alléger le fardeau, par des acquisitions partielles de leurs obligations, par des dons patriotiques, des actes de bienfaisance des citoyens favorisés par la fortune; chaque citoyen opulent peut concourir au bonheur public d'une commune reconnaissante; or, une commune devenue propriétaire d'une masse de ces obligations, peut ne pas les faire biffer, mais former des établissemens locaux. Des manufactures qui rapportent 6, 8 ou 10 pour 100 de bénéfice, tous frais faits, n'est-ce pas alors une dette qui enrichit, qui facilite l'industrie, qui utilise les bras de la classe que le hasard fait naître dans l'indigence? Doutera-t-on que cette classe que les factieux utilisent, lorsque le gouvernement la dédaigne, ne devienne au contraire la première sauve-garde de nos lois? Gaulois, la porte du temple du bien public vous est ouverte; des intrigans sans doute chercheront à en obtenir l'entrée; voyez dedans le libérateur qui vous crie : Foulez aux pieds les préjugés! arrivez au pied du sanctuaire! venez jurer à la patrie d'être citoyen, et apportez-lui pour tribut de votre civisme, un sentiment qui confonde le bien individuel dans le bonheur général!

Idée sur la défense de l'Etat contre l'agression étrangère.

Qu'ils sont insensés ces fanatiques sicaires du despotisme, lorsqu'ils rêvent des malheurs venant fondre sur nous à la voix du Despotisme expirant! Si demain l'Empereur lâchait la bride au fanatisme de la liberté, les sicaires de la féodalité épouvantés s'enseveliraient dans la nuit de l'effroi; le peuple veut qu'ils se taisent pour qu'il n'exige que par la loi qui protège et non celle qui réprime. Si l'empereur quitte les rênes, j'ose le dire, parce que je connais les hommes ailleurs que dans les salons, la France redeviendra l'arène où les fureurs s'exerceront; or l'on sait où gît la force.

Parlons donc raison et puissance réelle sous la loi.

L'Etat entretient, je suppose, une armée de deux cent cinquante mille hommes, sur le pied de. . . . . par homme.

Sur une loi d'urgence, reconnue par les sages, cette force peut être portée à. . . . . . Et toutes les fois que l'ennemi pénétrera sur le territoire de l'empire, la guerre en principe est déclarée nationale, et tout citoyen doit prendre les armes ; il faut donc établir des formalités et réglemens comme lois fondamentales, et voici ce que je pense. Dans les crises à l'appel du conseil des Sages, chaque chef de famille se réunit canton par canton, et désigne ceux qui doivent marcher ; les chefs de familles s'engagent les uns envers les autres pour s'aider réciproquement par des moyens pécuniaires de gré à gré ; la liste faite, les désignés partent pour les dépôts ordonnés ; et, dans tous les cas, nul ne peut être forcé à servir plus de trois ans, à moins qu'il ne s'engage et accepte un grade au-dessus de caporal ou brigadier.

Les réglemens statuent sur les récompenses ou secours à accorder par l'Etat aux familles sur lesquelles les chances de la guerre auraient été funestes à quelques-uns de leurs membres.

Je crois que l'on pourrait même poser en principe, que l'armée ne franchira le Rhin, les Alpes ou les Pyrénées, que sur le refus des puissances de faire la paix; je dis le Rhin, les Alpes et les Pyrénées, parce que ce serait une sottise de ne pas porter le théâtre de la guerre hors nos limites, si l'ennemi nous la déclare. L'on pourrait dire de même que les armées ne violeront aucun territoire neutre, mais qu'on ne considérera comme neutres que ceux qui le seront positivement, parce qu'une nation ne connaît point les sophismes des cabinets; tout doit être avec elle franc, loyal et simple: cette déclaration positive serait répandue chez toutes les nations de l'Europe et éclairerait les peuples.

Observations sur le maintien de la tranquillité publique.

La presse est libre pour faire connaître les abus : les écrits clandestins, sans nom d'auteur ou d'imprimeur, ne méritent que le mépris du citoyen ; le reste regarde les tribunaux ; à la requête des magistrats de la police, l'on fait justice publiquement des calomniateurs et des injures personnelles: une loi doit déclarer que, sans la présence d'un magistrat, la force armée n'agit que lorsqu'il y a des voies de fait.

N'ayant ni la prétention de faire des lois, ni celle de blâmer les idées d'autrui, je ne communique les miennes qu'en aperçu. Que le génie les asservisse aux formes consacrées par l'usage, que la logique les embellisse de ses charmes, que l'esprit les rectifie, je les donne comme citoyen, et non pas comme législateur. J'ai remarqué dans les dédales mis au jour par les publicistes de tous les pays, que leurs idées étaient relatives au plus ou moins d'idées libérales des nations parmi lesquelles ils vivaient; mais depuis Moïse aucun législateur ne s'est guidé sur le pouvoir primitif, et toujours des castes distinctes ont dominé sur d'autres, et rompu les liens naturels de l'homme. N'est-ce point à cela que nous devons les despotes et les révolutions? Les premiers trouvent des sicaires dans les classes subalternes, qui, n'étant rien dans l'Etat, se vendent à l'ambition légale; et les factieux y trouvent des hommes à coups de main, et souvent un coup de main renverse un colosse. Le seul mot égalité va enthousiasmer toutes les têtes des malheureux, et, grâce à nos distinctions motivées sur la fortune, un tiers au moins de la population fait partie des malheureux; la constitution qui les attachera au gouvernement ne peut être prise que dans la nature; et, je le répète, la nature ne donne point de maître réel à chaque individu, que le père ou les parens qui joignent ou protègent l'enfance: voilà le bien immuable que l'orgueil seul dédaigne; si nous remontions aux origines, quel homme en naissant est plus qu'un autre? Mais nous pouvons observer aussi que nul homme n'existerait si le premier âge n'avait des protecteurs, que la nature rend esclaves de leurs devoirs; car les devoirs paternels sont gravés dans la tête et dans le cœur, en dépit de nos institutions sociales, et sans contredit antinaturelles; ce sont ces devoirs qui lient par le respect et consacrent le pouvoir. Eh bien! je le répète, prenons les droits de la nature pour base de notre constitution, cela n'éloigne ni les savans ni les opulens des emplois. Dans le courant de cette brochure, plein de mes idées, j'ai déjà parlé du conseil des Sages, de celui des patriarches, comme s'ils existaient ; c'est que leur établissement me paraît prescrit par la loi naturelle, la première de toutes : tout orgueil à part, l'on ne peut guère la réfuter. Si je tombais des nues au milieu d'un peuple agité, dont je ne connaîtrais pas les dispositions, les schismes, les folies antérieures, et qu'il me prît pour arbitrer de ses destinées,

Je lui dirais que, sur toute la surface de l'empire, les chefs de familles ayant telles et telles qualités morales, se réunissent (*je ne parlerai ni de la propriété, ni de la fortune, mais de la probité et des pratiques des vertus sociales*) ; que ces premiers électeurs, par chaque canton, élisent au scrutin secret un représentant pris dans leur sein ; que ces représentans se réunissent dans la principale cité, et désignent trois citoyens, pris de même dans leur sein, pour former l'assemblée patriarcale qui doit se réunir dans la capitale pour aider le gouvernement, et non pour gouverner. Cette assemblée, d'après un statut, élira un aréopage qui sera inamovible, et portera le nom de *conseil des Sages, conservateur des lois.*

Choisissez parmi tous vos concitoyens celui

qui est, par ses talens et ses services, le plus digne de s'asseoir sur votre trône ; qu'il soit le chef de l'État ; donnez-lui tout pouvoir pour faire le bien, mais qu'il soit le premier asservi aux lois, pour éloigner toutes les ambitions. Posez en principe que cette suprême magistrature seule est héréditaire et inviolable.

Voilà comment je proposerai le gouvernement. MM. les membres des colléges électoraux sont compétens pour poser ces bases, quant à l'avenir, pour organiser toutes les branches de l'administration, publiant d'après ce principe, en épurant les institutions que le temps et les relations sociales de l'État ont consacrées ; si ce principe est reçu, les patriarches auront le droit de confirmer ou de rejeter les lois qui seront proposées par le chef de l'Etat et son conseil. L'Etat existe depuis long-temps en société, est éclairé sur les intérêts divers de chaque classe, qui les calcule, qui utilise les leçons de l'expérience pour créer des lois ; et afin qu'elles soient garanties, l'on peut ajouter en principe, qu'au cas de nécessité imprévue, soit par l'abus du pouvoir suprême, soit pour s'opposer aux entreprises des voisins, le conseil des Sages peut convoquer de suite les assemblées de chefs de familles pour accepter une loi constitutive d'urgence.

RÉFLEXIONS

Sur l'abus des maximes, et principes pour en revenir au pouvoir naturel.

PREMIÈRE MAXIME, *que l'on cite à tort et à travers.*

L'homme naît libre. C'est le refrain de la plupart des auteurs et des publicistes anciens et modernes ; et, d'après cette maxime, l'on égare la morale humaine et bouleverse la morale sociale.

Rien n'est moins libre que l'homme en naissant ; la nature l'asservit essentiellement : c'est l'animal qui a le plus de besoins. Abandonnez cet être libre, il ne vivra pas vingt-quatre heures. Dès qu'il naît, il contracte des obligations envers les auteurs de ses jours ; et, jusqu'à l'âge de raison, il est positivement asservi par la nature à ses père et mère ou leurs représentans, et successivement aux lois de la société parmi laquelle il vit. L'établissement du tien et du mien, que le temps et les arts ont consacrés, le place, en dépit de toutes les passions, qui ne s'accordent pas toujours avec la raison, dans un second état de dépendance. Donc la loi la plus sage doit se rapprocher de la loi naturelle, et donner au pouvoir paternel le premier rang dans l'autorité.

Dans les grandes villes, il n'y a que les classes opulentes, où les premiers devoirs de père ne se pratiquent pas essentiellement; mais généralement, parmi la bourgeoisie, les artisans, les agriculteurs, cette loi naturelle souffre peu d'altération. Législateurs, réfléchissez s'il n'est pas important d'en faire la base de votre pacte social.

Il me semble que c'est par cette chaîne, qu'il n'est point au pouvoir du despotisme d'anéantir, que vous lierez toutes les classes que le *tien* et le *mien*, le *génie*, la *science* et l'*esprit* ont séparées et mises en but; le despotisme ne peut exister où la loi naturelle est respectée et consacrée en principe.

DEUXIÈME MAXIME, *un peu plus astucieuse.*

Les hommes sont égaux devant la loi. C'est le plus flatteur des sophismes; mais d'autres sophismes prouvent que c'en est un. Assistez à un plaidoyer, législateurs; consultez vos consciences pour juger le libertin reconnu, et l'homme qui vécut vingt ans sans reproches, et commit néanmoins un crime par suite de circonstances fortuites, puis dites-moi ensuite ce que vous pensez. Au physique comme au moral, les hommes ne sont point égaux. Mais disons ce que sans doute on a voulu dire : les hommes en naissant ont des droits égaux; ils n'héritent d'aucun privilége, la nature n'en accorde pas; mais l'organisation animale, dans son développement, classe l'homme et l'asservit aux lois générales de la société parmi laquelle il établit sa résidence.

HONNEUR ET PATRIE.

Législateurs, ne séparez point ces mots; c'est dans leur réunion que la morale de l'homme trouve tous ses droits et ses devoirs; séparés, ils peuvent conduire à tous les égaremens, car l'honneur, même selon la définition de Montesquieu, vous rend le sicaire de la tyrannie comme du gouvernement libéral; et nous savons qu'au nom de la patrie l'âme exaltée peut faire un assassin d'un homme enthousiaste.

C'est par le serment qu'on asservit l'honneur; mais rien n'asservit l'amour de la patrie. Il en résulte que le pacte social doit donner pour base de la morale d'état : *honneur* et *patrie*; afin que le citoyen ne se trouve pas en opposition entre ses droits et ses devoirs.

Celui d'obéissance aux constitutions et de fidélité à l'Empereur, me paraît vague ; il ne donne pas un ressort à l'âme ; les trois quarts des hommes qui doivent le prêter n'ont pas étudié nos constitutions ; et plusieurs agiraient contre sans le savoir, sur une simple circulaire ministérielle, et croyant obéir à la constitution. Je ne trouve pas qu'il y ait une morale dans le mot *fidélité*, comme la plupart des hommes l'interprêtent : ce mot est trop vague.

La constitution, qui doit être sanctionnée par la nation au Champ-de-Mai, par les véritables pairs actuels de la France, doit, lorsqu'elle sera définitivement terminée, exiger un serment plus positif et plus simple ; qu'elle soit envoyée dans chaque commune, affichée, publiée et gravée, s'il le faut, dans chaque maison communale; et tout citoyen qui prétendra jouir de ses avantages, doit signer au registre sacré ce serment :

« Je l'adopte, et jure de mourir pour la

» défendre. » Ceux qui, quoique majeurs, ne savent pas écrire, peuvent le faire faire par la main d'un parent ou d'une autorité locale.

ESTIME, AMOUR, DÉFÉRENCE, ADMIRATION.

Ces sentimens ne se commandent point; il faut les acquérir, et souvent on les confond.

Un monarque les réunit rarement tous; du moins, chez la majorité d'une nation, le conquérant n'a souvent que le dernier. Lorsqu'il y réunit l'estime, il est puissant; s'il a l'amour, il est tout; la déférence est ordinairement ce qu'on accorde à la faiblesse, afin de l'utiliser pour soi. Mais si elle est le prix des talens, des vertus, le monarque qui obtient les quatre sentimens n'a que Dieu au-dessus de lui.

Dans la position actuelle de la Gaule, l'on peut apprécier la morale publique. Relativement à l'Empereur, à peu près sous ce point de vue, ce n'est ni dans les salons, ni dans les bureaux, ni à la bourse, qu'il faut étudier l'opinion générale sur aucun gouvernement.

Nos institutions antérieures ont multiplié les classes. Celles des agriculteurs, des ouvriers, des artisans sont les plus considérables; comme elles ne se gouvernent pas avec des sophismes, c'est en elles que réside l'espèce de morale qui se manifeste par des actions, et c'est par des actions qu'un gouvernement se fait respecter des factieux, des agitateurs. Or, l'Empereur a positivement ces classes en masse, et à peu près un tiers des autres; un autre tiers n'aspire qu'à la tranquillité, et vit dans une sphère de bavardages qu'il applaudit; un sixième rêve sur les débris des préjugés et de l'intolérance; le reste est l'armée, et sur elle la question est jugée.

Puissent l'honneur et la patrie rappeler à tous les Français, que les dissentions civiles font toujours des victimes choisies par les passions, qu'ainsi chaque citoyen peut être victime, s'il est imprudent en propos ou en actions.

LE BARON D*****.

Maréchal de camp, commandant de la Légion d'honneur.

DE L'IMPRIMERIE DE Mme Ve JEUNEHOMME,
RUE HAUTEFEUILLE, N° 20.

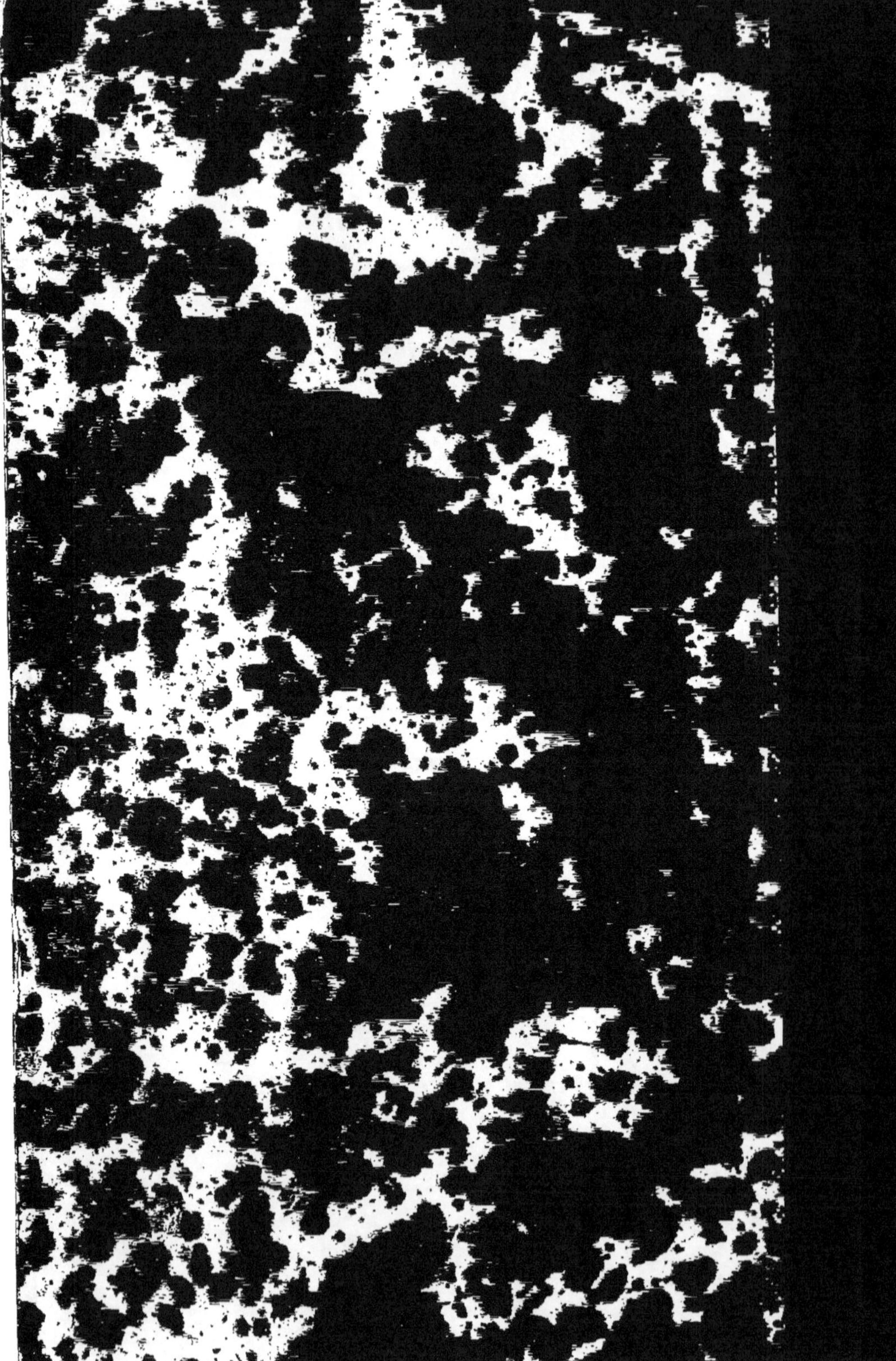

www.ingramcontent.com/pod-product-compliance
Lightning Source LLC
LaVergne TN
LVHW010058230826
846091LV00005B/1982
9782013280761